EMG3-0157
合唱楽譜＜スタンダード＞　STANDARD CHORUS PIECE

合唱で歌いたい！スタンダードコーラスピース

混声3部合唱

映画「ライオン・キング」より
愛を感じて

作詞：Tim Rice　作曲：Elton John　日本語訳詞：片桐和子
合唱編曲：田中達也

••• 曲目解説 •••

映画「ライオン・キング」の劇中歌として知られるこの楽曲は、愛を壮大に歌ったエルトン・ジョンが手掛ける名曲中の名曲です。この混声3部合唱は、メロディックな旋律が優しく美しいピアノの音色に包まれる、とってもロマンティックなアレンジに仕上がっています。会場いっぱいに響き渡る感動的なハーモニーをお楽しみください。

【この楽譜は、旧商品『愛を感じて(混声3部合唱)』（品番：EME-C3114）とアレンジ内容に変更はありません。】

合唱で歌いたい！スタンダードコーラス

愛を感じて

作詞：Tim Rice　作曲：Elton John　日本語訳詞：片桐和子

CAN YOU FEEL THE LOVE TONIGHT
Music by Elton John　Words by Tim Rice
© 1994 WONDERLAND MUSIC COMPANY, INC　All Rights Reserved.
Print rights for Japan administered by Yamaha Music Entertainment Holdings, Inc.

映画「ライオン・キング」より
愛を感じて
作詞:Tim Rice　日本語訳詞:片桐和子

何かおきている（何が！）
俺にはわかる（ほう）
あいつが恋をしたら
二人になっちまう（おぉ）
やさしい夕暮れ
魔法にみちて
すべてがロマンティック
何だかイヤな感じだ

Can you feel the love tonight?
愛を感じて
世界を包むハーモニー
命の歌よ
話したいけどどうすればいい
過去の真実
ああだめだ　言えないんだ
秘密を抱いて苦しんでる
わたしにはわかるのよ
王はあなた

Can you feel the love tonight?
愛を感じて
世界を包むハーモニー
命の歌よ
Can you feel the love tonight?
今を見つめ
夜の闇を抜けて愛は今

あいつが恋をした
すべて終わる
気楽ですてきな暮らし
きっともう終わる

エレヴァートミュージックエンターテイメントはウィンズスコアが
展開する「合唱楽譜・器楽系楽譜」を中心とした専門レーベルです。

ご注文について

エレヴァートミュージックエンターテイメントの商品は全国の楽器店、ならびに書店にてお求めになれますが、店頭でのご購入が困難な場合、下記PC&モバイルサイト・FAX・電話からのご注文で、直接ご購入が可能です。

◎PCサイト&モバイルサイトでのご注文方法
http://elevato-music.com
上記のアドレスへアクセスし、WEBショップにてご注文ください。

◎FAXでのご注文方法
FAX.03-6809-0594
24時間、ご注文を承ります。上記PCサイトよりFAXご注文用紙をダウンロードし、印刷、ご記入の上ご送信ください。

◎お電話でのご注文方法
TEL.0120-713-771
営業時間内に電話いただければ、電話にてご注文を承ります。

※この出版物の全部または一部を権利者に無断で複製(コピー)することは、著作権の侵害にあたり、著作権法により罰せられます。

※造本には十分注意しておりますが、万一、落丁・乱丁などの不良品がありましたらお取り替えいたします。また、ご意見・ご感想もホームページより受け付けておりますので、お気軽にお問い合わせください。